어머니의 하루

한국시학 시인선 017

어머니의 하루

한국시학 시인선 017

초판 발행 | 2017년 9월 20일

지 은 이 홍금만
펴 낸 이 김광기
편집주간 박현솔
펴 낸 곳 문학과 사람 Literature and Human
출판등록 2016. 7. 22. 제2016-9호
주　　소 경기도 시흥시 하상로 36 금호타운 301-203
경기도 파주시 직지길(파주출판단지)250, 2층
대표전화 031)253-2575, 010-8773-8806
homepage http://cafe.daum.net/yadan21
E_mail keeps@naver.com

ISBN 978-89-89265-82-5 03810

*이 도서의 국립중앙도서관 출판시도서목록(CIP)은
서지정보유통지원시스템 홈페이지(http://seoji.nl.go.kr)와
국가자료공동목록시스템(http://www.nl.go.kr/kolisnet)에서
이용하실 수 있습니다.
*'문학과 사람'은 1998년 등록된 도서출판 'AJ(에이제이)'와 연계됩니다.

값 9,000원

어머니의 하루

홍금만 시집

*본문 페이지에서 한 연이 첫 번째 행에서 시작될 시에는 〈 표기를 한다.

■ 시인의 말

작은 돌탑 세웁니다

나의 영혼에 세운
작은 돌탑 위에
돌멩이 하나 얹었습니다.

어머니는 죽어서도
곁에 살아 계시며
어머니의 하루는
내 영혼의 하루입니다.

시집이 나오기까지
격려해주신 분들께
감사드립니다.

첫 시집 『어머니의 하루』를
삼가
어머니께 바칩니다.

–2017년 9월 20일, 홍금만

■ 차 례

1부

비 오는 날 – 18
어머니의 낫 – 20
어머니 생각 – 22
꽁보리밥 – 24
참깨 꽃 – 26
가을 아욱국 – 27
호박댓국 – 28
오빠 – 29
어머니와 가을햇살 – 30
사촌 언니의 이야기 – 31
어머니의 하루 – 32

2부

성묘 – 36
제삿날 – 38
큰 딸 해주 – 39
작은 딸 인주 – 40
작은 딸 인주를 생각하며 – 42
친정 – 43
가을아침 – 44

동창회 날 – 46
사촌 언니 – 48
연하장 – 50

3부

달은 인생이다 – 54
두견마을 놀이터에서 – 55
지지대 – 56
세월 – 57
숙지산 벤치 – 58
여서도 – 59
시월 어느 날 하오 – 60
완도 여자 – 62
자목련 마을 – 64
장안농원에서 – 65
청산도에서 – 66
청산도의 하루 – 68
청산 아일랜드호에서 – 70

4부

가을과 마주 앉다 – 72

가을을 기다리며 – 74
가을에는 – 75
가을 호수 – 76
가을 햇살 – 78
흔들면 흔들린다 – 79
당수리 해바라기 마을에서 – 80
가을 물소리 – 81
겨울 꿈 – 82
설야 – 83

5부

호롱불 – 86
보길도 미선슈퍼 – 88
백설 – 90
수평선 – 91
가을 새벽 – 92
초록거울 – 93
섬 – 94
아부지의 생선꾸러미 – 96
죽단화 – 98
고모 – 100
엄마, 잘 있지? – 101

내 그리움은 지렁이 – 102

6부

강나루 – 104
느티나무 – 105
후회 – 106
하얗게 웃는 이 사람을 아십니까 – 108
밀밭에서 – 109
소류지 – 110
비석 – 111
빗소리 – 112
정자동 우체국에서 – 114
개화산 진달래 – 115
호박꽃 – 116
내일에게 – 118
봄 – 120
네비게이션 – 121

■ 발문 | 임병호(시인 · 『한국시학』 발행인) – 123

1부

비 오는 날

어머니가
하루 종일
집에 계시는
비 오는 날이 좋았다

폭우가 쏟아지고
천둥 번개 치면
더 좋았다

어머니는 밤이면
내일 생선 장사 나갈
채비를 해두시는데

'비야 와라
울 엄니 생선 장사 못 가시게
비야 비야 내려라'
나는 속으로 빌었다

아, 오십여 년 전 그때처럼

비가 쏟아지는 날이면
저승에서
어머니가 오신다

온 집안에 가득한
어머니 냄새
향기롭다.

어머니의 낫

황소바람 불어
시퍼런
겨울 밤

대나무로
얼기설기 엮은
방문

무쇠 문고리
숟가락 걸면
자물쇠 되었다

병아리 같은 사남매
곤히 잠자는데
덜컹 덜컹

"어떤 놈이든
들어만 와 봐라
낫으로 메가지를 쳐불랑께"

〈

청상 어머니는

그렇게

머리맡에 낫을 놓고

주무셨다.

어머니 생각

그 옛날
곡성 신기리 고향집에서
어머니는
흰 광목으로
문지방을 닦으며

"느그 둘째 오래비는
객지에서도
부자로 잘 살 것이당께로"
어린 딸에게
혼잣말처럼 말씀하셨다

오늘, 화성시 송산면 고포리
어섬 포도밭 언덕
둘째 오빠 댁

어여쁜 며느릿감
앞세우고
막내 오빠네도 모였다

〈
맛난 음식 먹으며
집안이 싱글벙글
어릴 적 고향 이야기로
해 저무는데

문득
더욱 어머니가
보고 싶었다

서해 바닷바람이
흔들어대는
어섬 갈대 숲길
뒤돌아설 때

붉은 석양빛으로
어머니가 뜨겁게
뜨겁게
손 흔들고 계셨다.

꽁보리밥

꽁보리밥
석작에 담아
처마 아래
걸어 두고

점심은
찬물에 꽁보리밥
풋고추와 된장이었다

엄마가 따온
풋고추
매웠지만
눈 감고 후후 먹었다

어른처럼
참는다고
대견해하시는 엄마

그 뜨겁고

매운 맛
풋고추 내음에
들려오는
어머니의 웃음소리여.

참깨 꽃

여름 한낮
참깨 밭 매는
어머니

물 주전자 들고
어머니께
가는 길

종처럼 달려있는
참깨 꽃
달콤하였다

그 꽃 속에
그리움이
조롱조롱
매달려 있었다.

가을 아욱국

꽃 핀 아욱으로
국을 끓이면
더 맛있다

감나무도
쉬고 있는
8월 한낮

아욱꽃, 상추꽃,
옥수수꽃
새살대는 텃밭

사립문 열어
엄마의 가을과
마주하고

살 오른 바지락 넣은
아욱국
먹고 싶다.

호박댓국

어젯밤 피어난 호박잎
도르르 말아 올린 토란 대
뾰얀 진액 향기로운 고구마 순
북북 주물러
파랗게 씻어내고

애호박
애기가지
약 차오른 고추
툭툭 으깨 넣은
엄마표 호박댓국

눈 내리는 날
엄마는 또 그렇게
호박댓국 내음으로 오셨다.

오빠

오빠들이 사 준
빨간 캔디운동화
닳아질까봐
댓돌위에 그림처럼
올려 두었다

오빠들이 사 준
별 그려진 나팔바지
작아질까봐
남원 외갓집 갈 때 입었다

객지에서 올 때면
내 선물 사왔던
오빠들

예순 누이동생을
지금도 자랑스러워하는
오빠 앞에 서면
나는 여학생이 된다.

어머니와 가을햇살

어머니가
오셨다

가을 햇살
속으로

어머니가
오셨다

빨간 고추,
야무진 팥,
얼룩무늬 두 벌 콩

가을볕에
탱탱하게
익어가는데

흰 보따리
머리에 이고
장에 가신
어머니가 돌아오셨다.

사촌 언니의 이야기

시커먼 새벽
어머니가 불 때고 있는데
아버지 동네 친구가
예사처럼 헛기침하며
들어서드란다

"여기가 어디라고 오느냐"
느그 어머니가
불 붙은 소나무 부지깽이 들고
쫓아낸 뒤부터
일절 얼씬거리지 않았다더라

사남매 떵떵 소리나게
잘 살고 있는데
청상 어머니
나룻마을 산국거리
푸르른 느티나무 그늘로
사남매를 품고 사셨다더라.

어머니의 하루

"북덕구름이 답신나네
비 오겄어"

새벽 노을은
어머니의 일기예보

빈농인 어머니
농한기에는
생선행상을 하셨다

섬진강
곡성 철다리 건너
남원 오고 가신
삼 십여리 길

터지고 닳아진
검정 고무신 신고

엉수, 독골, 새내 논밭

억척으로
늘려갔는데

어머니가 생선장사 못 가는
비 오는 날 더 좋아했던
대 여섯 살 딸, 예순이 되었다

그때처럼 구름이
북덕북덕거리는 아침

함지박에 은빛 갈치 이고 오신
어머니
그 비릿 내음
향기롭다.

2부

성묘

오늘은 과부가 아니었다

딸들과
산소가는 길
외롭지 않았다

"아빠는 엄마가 보고 싶을 거야
먼저 인사드려요"
술을 따르며
큰딸이 말했다

"오늘은
아빠가 더 보고 싶네"
작은 딸이
눈시울 적시는데

애들 아버지가
정말
봉분을 열고 나와

빙그레 웃었다

"당신은
새댁적 그대로네"
농도 하셨다

오늘은 과부가 아니었다.

제삿날

생시 적 그대로
민어를 맛있게 잡수시고
술도 기분 좋게 드셨다

술 취하면
두 딸
이름 부르며
머리를 쓰다듬던 옛날처럼

제사상 안쪽에서
애들
이윽이 바라보며
“시집갈 때 다 되었구나” 하셨다

두 딸이
어여쁘게
아버지께 술잔을 올리고

“오늘은
집에서 주무세요”
나는 안주를 드렸다.

큰 딸 해주

청산도
그 섬
바라보면

네가
살고 있다

풍랑을
이겨내고

넓은 바다
푸른 햇살

어제보다
푸르러 가는

네가
보인다.

작은 딸 인주

"엄마처럼은
살기 싫어"

"부자로
살 꺼야"

욕심 많아
하고싶은 일
많은

엄마의 거울
인주

음악에 끼가
넘치는
뮤지션이다

엄마 이야기
들어 줄 때는

프로이트 박사 같지만

엄마는
마음이 부자인 것을
알고 있을까.

작은 딸 인주를 생각하며

너 없는
빈 방
볼 때마다

낮에도
엄마는
밤이다

가을비 내린
숙지산
산들바람 부는
엄마의 가을

말레이시아에서
땀에 젖는
너에게 보낸다.

친정

첫 딸
업고
친정에 가면

엄마는 나를 부를 때
내 이름 대신
"해주야"
큰 딸 이름을
부르신다

지금은
어머니가
안 계신 친정,
그래도
오빠 댁에 간다

친정어머니가 벽에서
괘종시계처럼
살고 계신다.

가을아침

2017년 8월 16일 새벽
“니 생각 나서
전화했어”

경남 언니
목소리
여고생 그대로다

서리
내리는
섬진강

오빠들이
털게 잡으려고

수수목
엮은 것처럼

곡성 역

이십 여리

학교 오가는
철길 추억

사락사락
내린다.

동창회 날

신작로 길, 밑창 닳아질라
고무신 벗어 맨발로
학교 갔던 추억이여

곡성동교 22회 동창회 날
몽산포 송림에 비가 내리는데
깨복쟁이 친구들
그림처럼 기다리고 서 있네

감자꽃 상추 쑥갖꽃
피어있는
동창 만나러 가는 길
곡성 나룻멀 들판도
어릴 적 그대로 따라왔다

하늘나라 갔다는
수줍은 얼굴 동무가
유난히 그리워 한숨짓는데

서해 바다 몽산포에
꿈길처럼
신록비가 내렸다.

사촌 언니

공주님 일어나세요
학교 갈 시간이에요

팔순 형부가
칠순 언니를 깨운다

사촌 언니는
영등포 삼성실업학교
학생

"구름은 높은 하늘에만
있는 줄 알았더니
산에도 흰 구름이 있더라"

"섬진강에
물안개 몽실몽실한데
산은 보일락말락
학이 서 있는데
사람 미치겠더라"

〈

시를 쓰고 싶다는
홍옥선 사촌 언니의 가슴은
이미 시인이다.

연하장

중학교 때
물감으로 그린
축 성탄, 근하신년
그림카드
네온 불빛처럼
원색으로 그렸다

군대 간
둘째 오빠한테
연하엽서로 보냈고

어릴 적 짝꿍
종주 책상 위에 슬며시
올려 두었는데

아, 종주는 지금
오래전부터 뇌경색으로
세월이 지워져버렸단다

〈

그래도 혹
고향의 눈길 함께 걷던
추억은 남아 있지 않을까

바닷가 어느 요양원에 있다는
그 친구에게
청솔 박차고 비상하는 백학
그림카드를 그려 보내주고 싶다.

3부

달은 인생이다

소나무에
걸터앉은
초승달

서러움에 그을린
얼굴 하나
살고 있다

반달이 되고
만월이 된
그리움

미소 짓는
그 모습
보고 싶다.

두견마을 놀이터에서

은행나무
금빛 손
흔들고

소나무 위에
은빛이
앉아 있다

가을에
젖어 있는
뚜뚜의 맑은 눈

가을 하늘
바라보고
있는데

아이들
노는 소리
더 푸르게 들린다.

*뚜뚜 : 강아지 이름

지지대

달밤
내 마음 아는 듯
소나무에 걸린 청사초롱
더욱 붉다

돌담사이
담쟁이 손 인사
반갑다

흰 고양이
발걸음 눈부시게
다가오고

깊어가는 가을 달밤
오가는 길손들
작별인사 따뜻하다

지지대 쉼터
돌비석에
잠들지 못하는
그리움을 두고 왔다.

세월

소나무는 괴로웠다
광란의 음지
비명소리
고압전류에
가슴이 타고 말았다

고문실 뜨락
눈 먼 소나무
양지 찾느라
통곡하는데

2016년 오월 어느 날 오후
남산 문학인의 집 근처
옛 중앙정보부 6국 고문실

담벼락에
수캐 한 마리가
오줌을 갈겼다.

숙지산 벤치

숲속에 봄 잔치 열렸다
나무들은 물빛으로 단장하고
오늘따라 산새들 노래가 어여쁘다

따사로운 봄볕
솔향기 촉촉한 산길에
새싹들은 돌쟁이 신발 신고
아장아장 걸어온다

산을 찾는 사람들
뒷모습 다정한데
숙지산 벤치마다
봄 미소가 쌓였다.

여서도

목선에 그리움을 실었다
완도에서 백리
깊은 바다 한가운데서
거친 파도를 이겼다

처마 끝까지 쌓아올린
돌담들이
섬을 지키는데

곱고 상서롭게 태어나
후박나무, 동백 무성한
남해 여서도

동백기름 곱게 바르고
그 소년 만나면
얼굴 붉어졌다

소녀의 수줍음이
돌담 사이로
자꾸만 따라왔다.

시월 어느 날 하오

가을바람 그리움 뿌리고
다녀간 아침
눈부신 하늘
그대 모습 가득한데
노랑 국화분
창가에 놓아두었다

그윽한 얼굴 그리는
두근거리는 가슴
눈치 챈 햇살
창밖에서
미소 짓고 있는데

그대는 아직
소식 없고
시간은 저 홀로 흐른다

외로워 흐느끼는
향기로운 촛불처럼

그리움 타오르고
내 기다림도
타오르는
시월 어느 날 하오.

완도 여자

선희야,
지금 동백은
피었니?

봄이 오면
문득
완도에
더 가고 싶다

청산도로 떠나는
부둣가
뱃고동 소리에 실려 있는
그리움

완도 사람들
가슴에는
바다가
살고 있는데

〈

완도 여자
선희 목소리에는
바다내음이 난다
동백꽃이 피어 있다.

자목련 마을

자목련이 마을을 지키는
모락산 둘레길
학의마을

봄 하늘 푸르른데
붉은 댕기 머리
처녀인가

봄 빛 부서지는
돌 담사이로

자목련꽃
터지는 소리
들린다.

장안농원에서

칠순 청년 시인과 동행한
장안농원에
먼저 와 앉은 신록
이순자 시인도 그림처럼 마주했다

그늘막이어서
더 시적인
간이 탁자와 막걸리

주홍처럼 붉어지는
시인의 이런 저런
사람사는 이야기가
시처럼 재미 있는데

까치들이 쿡쿡 웃고
신록 너머 더욱 눈부신
오월 햇살
이순자 시인도 웃음꽃 피웠다.

청산도에서

그대
그리웠다

그리워
찾아 온
청산도

파도 소리 들리는
깊은 숲
가는 길 열어 주었다

산정에서
먼 하늘 바라보면
타는 그리움

구름 꽃 속에서
손짓하는
그대여

〈

아, 그리운 얼굴
바람 타고
내 품으로 안겨왔다.

청산도의 하루

파도가 말했다
나처럼 너도 떠밀려 갔다
떠밀려 오는 것이라고
파도가 푸른 목소리로 말했다

초여름 오후 도청항
하얀 배에서 내리는 사람들이
꽃무더기처럼 쏟아졌다

갯바람 내음 새소리인 듯
밀려오는 파도소리,
사람들도 출렁이는 바다가 되었다

꽃들이 떠난 흰 섬
파도가 사람이 되고
바람은 사람이 된다
신록도 사람이 되고
새소리도 사람이 된다

〈

청산도의 하루는
저들끼리 사람이 되어
서로 껴안으며 일어난다.

청산 아일랜드호에서

갑판에서 목을 축이는
금빛 카프리맥주
봄바람에
배도 흔들 나도 흔들

행여 바람 타고
그대 모습 안겨 올까
아득한 수평선 바라보는데
갈매기만 오락가락 합니다

지난 일은 잊으라고
청산 아일랜드호
그리움 싣고 떠납니다.

4부

가을과 마주 앉다

숙지산 산정에서
가을과
마주 앉았다

은행나무에
노랗게 쌓여 가는
그리움

푸른 솔잎 가지에 앉은
햇살이
純銀으로
반짝거린다

숙지산이 백일장을
열었는가
산새들이 나뭇가지에 앉아
시상에 잠겨있는데

흔들리는 억새꽃 사이로

지나가는 바람을
불러 앉혀 놓고
익어가는 가을 정담을 나누었다.

가을을 기다리며

8월의
아침노을은
익어가는 그리움이다

나는
지금
가을을 기다리는 중이다

오늘따라
광교산이 창가에
더 가까이 와 있는데

가을바람
가을 햇살이 만져져
가슴이 얇아졌다

내 세월은
지금
가을을 살고 있다.

가을에는

더
높아진
가을하늘

아이들
노는 소리
더 푸르게 들리는
놀이터

가을에는
핸드폰 소리도
탱고처럼
춤을 춘다.

가을 호수

오리 한 마리
가을에 취했다

짝을 잃었는가
혼자
호숫가를 유영한다

여름에는
나무들이
멀리 보였는데

산도 나무도
호숫가로
내려왔다

호수는
지금
가을을
타는 중

〈

물결이
은빛으로
일렁인다.

가을 햇살

흔들리는
마음

푹
푹 삶아서
행주처럼
널어 두고

가을 햇살
속으로
소멸하고
싶다.

흔들면 흔들린다

꽃샘바람에
누군가 올 것 같은
사월 오후
청계사 가는 길

그리움이
만발한
산 어귀
목련나무

바람이
흔들면
흔들린다

나도
내 그리움이
흔들면
흔들린다.

당수리 해바라기 마을에서

가을 한낮
당수리
해바라기 마을

잠자리 한마리
꽃잎에 앉아
思惟하고 있는데

푸른 하늘
흰 구름이
날개 속에 비치고

당수리 풀밭
백로 무리
눈부시다.

가을 물소리

가을비
내려
광교산 시냇가
물소리 흐른다

가을 물소리
바람이
익어가는
들판

호호새
소리
思惟하는
숲

청아한 가을 물소리
가슴으로
들어
한 몸 된 명경지수여.

겨울 꿈

봄날이었네
산과 들에
꽃으로 피어나고 싶었네

여름날이었네
푸른 햇살에
반짝거리는 신록이고 싶었네

가을날이었네
가슴 적셔주는
붉은 단 풍이고 싶었네

겨울은 오고
나무들의 마을에
흰 눈이 기다림처럼 쌓이는데

겨울 숲에서
연두빛으로 움트는
나무들의 겨울 꿈을 보았네.

설야

눈
내리는데
네가 생각난다

응, 언니
그랬어?
나도 힐링되네

그건
네 마음이 눈처럼
포근해서 그래

가슴속
산과 들에
서설이 내렸다.

5부

호롱불

"인자, 자자
시구 닳아진다
불 끄자 잉"

빈농이신 어머니
생선행상하시며
딸인데도
고등학교를 보내셨다

"너무
공부 많이 하믄
못 씬다"

하늘만 보이는
첩첩산골
신기리에서

하나뿐인
여고생

〈

삼십 리
등하굣길
이웃처럼 가까웠는데

상장 받아오면
외갓집에 가서
자랑하고 오셨다

보길도 미선슈퍼

보길도 정자리 '미선슈퍼'는
육지 손님들에게
섬 이야기를 나누어 준다

복덩이 미선이를 낳던 해
바람도 잔잔하여
전복 양식 잘 되고
밭 곡식도 풍성하였단다

미선슈퍼 집 딸들
미선이, 효선이, 현선이
세 딸 모두
대학 보낸 황칠나무

첫 딸 미선이는 예쁜 유치원 원장,
효선이는 부잣집 며느리,
막내 현선이는 신문기자,
딸 셋이 고향 정자리를 빛내고

〈

'미선슈퍼' 뒤뜰에서
황칠나무, 비파나무, 보리수
해풍에 살찌고 있는데

금귤나무 너머
햇살 속에서
북바위, 흔들바위가 정말 흔들렸다.

*황칠나무 : 금빛물감 원료가 되는 나무로 인삼처럼 사포닌이 풍부하여 한약재로도 쓰임

백설

눈 내리는
하얀 새벽

그리움
깊어간다

가슴속에
그대가
간 밤
눈처럼 내렸다.

수평선

청산도 장기미
그곳에
가면

하얀 산 길
절벽 아래
푸른 바위 있다

파도가 들려주는
이야기에
푸른 바위
가슴을 열고

그 바다
수평선
노을빛 그리움으로
물들 때

아, 그 사람 얼굴
파도처럼
밀려온다.

가을 새벽

먼동이 그림처럼
서 있는
가을 새벽

내 마음인 듯
귀뚜라미 소리
밤 새웠다

그리움
더욱
그립다.

초록거울

숙지산은
지금
초록거울이다

푸른 숲에
있으면

거울처럼
내가
비친다

하늘 길
열어주는
나무처럼

꿈을 향하여
올라가는
청춘을 보았다.

섬

우리 집은
섬 하나
섬 둘
있습니다

섬 하나
섬 둘
오고가는

나는
애타는
갈매기

목마른 자장가에
태풍마저 잠이 들고

섬이 푸르게
푸르게 열리는 날

〈

내 마음
파도를 넘어
금빛 출렁이는
수평선입니다.

아부지의 생선꾸러미

'아부지 닮았구만'

친척들
어릴 적부터
나를 보면
'아부지 닮았당께'

아부지 가슴에는
화룡산이
들어왔다
나갔다
했다지요

장날 저녁
휘적휘적

아부지의 술타령
동구밖에 흐르면

〈

노루새끼 같은
사남매
담박질하는데

생선도
술에 취했을까

빈 생선꾸러미
들려있는
아부지의 손에
바람이 지나간다.

죽단화

배고프던
시절,
흰 쌀밥
언제 먹어요 ?

장독대에
생울타리
죽단화

저 꽃
세 번 피고 지면

흰 쌀밥
먹는단다

봄, 여름
가을이
왔는데

〈

초록잎사귀 사이로
유난히 샛노란
죽단화 속에서

흰 쌀밥처럼
웃고 계시는
어머니를 보았다.

고모

“오야,
판교에
와 보소”

이것은 민어
요것은 장대
또 요것은 조구네잉

맛있게 해서
상에
올리소

오라버니 제삿날
생선 제수
챙기는
시누이

내 삶이
해바라기처럼
밝아진다

엄마, 잘 있지?

"지금 퇴근하는 길인데
엄마,
잘 살고 있지?"

서울에서
직장 생활하는
의학박사 큰딸한테서
전화 온
가을 저녁

거실보다
더 큰
보름달이
우리 집안에 내려와 있었다.

내 그리움은 지렁이

사랑은
지렁이다

그리움에
취하여

붉은 살로
추는 춤

눈 멀어서

안 보이고
안 들려도

추는 춤

6부

강나루

나룻배 타고
그 사람
오시는
날

섬진강
나룻마을
포구에서

언제나
가슴 졸이는
내 그리움

몇 날
몇 밤을
매화꽃으로 기다렸다.

느티나무

춥지 않니?
응, 곁에 있으면
춥지 않아

혼자인
세상

오뉴월에도
털옷을 입는다.

후회

썰물처럼
쓸려갔다

밀물처럼
밀려온다

저
물결

썰물인지
밀물인지

네 속을
알 수 없는데

하얗게
부서지는
포말

〈
그리고

그리움.

하얗게 웃는 이 사람을 아십니까

루이첸
손가락에는
작은 산
살고 있다

사람들은
그 산에
가고 싶어한다

그녀의 손가락
산의 내력을
알 것 같다

루이첸은
손가락에 피어난 산으로
안마하는 사람이다.

밀밭에서

작은 창 너머
그리움이
내릴 것 같은
지곶동 버스정류장
푯말이 서 있는
국수집
'밀밭에서'

권율 장군
혼이
숨 쉬고 있는 것 같았다

통창문으로
보이는
독산성

찹쌀생주를
마시며
그리움에 젖었다.

소류지

달맞이꽃 한송이
비를 맞고 있는
소류지 언덕

청둥오리 두 마리
호심에서
동심원을 그리는데

활짝 웃는 수문
호수도 오랜만에
경쾌하게 낙하하네.

*소류지 : 수원 광교 산중 호수

비석

울었다
비도 울고
나무도 검은 눈물
하늘도 통곡했다

가슴 아픈 이름들이
푸르게 쉬고 있는
망월동 광주 성지

폭우에
민주화 영령들
애통함이
씻겨져 내려갔다.

빗소리

새벽
빗소리에
잠 깨어

간 밤
꿈
아슴아슴하다

먼 데 사람 소식
빗소리에
들려

창문을
열면

숲에
내리는
그리움

〈

더욱
여리여리해지는
내 마음이여.

정자동 우체국에서

일반으로 보낼까요
등기로 보낼까요
목백일홍 붉은
정자동 우체국에서
시집을 저울에 달며
묻는다

일반으로 보내주세요
산 넘을 때는
흰 구름 타고
바다 건널 때는
푸른 구름 타고
잘 가거라

필리핀에 있는 친구에게
시집을 부치고
돌아오는 시월 어느 날 오후
빨간 단풍이
오늘따라 곱게
손 흔들고 있었다.

개화산 진달래

왜 그랬을까
진달래 핀
개화산

마른 갈대잎에
봄바람
차가운데

노란 포대기에
첫 아이를
들쳐 업고

까닭 없이
진달래꽃 사이를
셋이서 헤매었다

그때는
왜
그랬을까.

*개화산 : 서울 방화동 소재.

호박꽃

고향 나룻멀
산들바람 따라
토담 위 호박잎이
소꿉놀이하는 동무들에게
부채질 해주고 있다

너는 신랑
나는 각시,
호박꽃 따다
금빛 밥 지었던
깨복쟁이 동무들

해질 무렵
동무들 이야기는
익어가는데
등불처럼 피어나는 호박꽃

우리는
호박꽃이

밝혀주는
길을 따라
집으로 돌아왔다.

내일에게

아프다
마음이 아픈 것이 아니다
가슴속 어디쯤
검은 호수가 있다

아프다
마음이 아픈 것이 아니다
불면의 눈동자에
검은 별이 내린다

아프다
마음이 아픈 것이 아니다
마스크 쓴 입술에
독화살이 아우성이다

아프다
마음이 아픈 것이 아니다
사막에 떨어진 귓가에
모래바람 무성하다

〈

살아 있는
오늘,
내일에게
"기다려 줘"
엽서를 띄운다.

봄

19일 오시겠어요?
봄이
전화를 걸어왔다

서해고속도로 탈까
영동고속도로 지나
중부고속도로 갈까

이리 갈까
저리 갈까
왔던 길로 U턴

화서역을 지나
지지대를 넘어갔다

신호등 없는 고속도로
멈출 수가 없다

지금 선택한 인생
흔들리지 않고
대나무처럼 살아야겠다.

네비게이션

'경로를 이탈하여 재탐색합니다'

아직도
길을 나서면
미아가 된다

거미줄 같은 삶이지만
내 모습대로
직진하겠다

터널을 지나
새벽 안개 걷혀
어제보다 높아진
가을하늘

아스팔트도 푸르게 물들어 있었다.

■□ 발문

훈훈한 가족사, 아름다운 이야기

임 병 호 (시인 ·『한국시학』 발행인)

1

홍금만 시인의 시집 『어머니의 하루』는 시인 자신의 어머니 그리고 한 어머니로서의 자신을 중심으로 한 가족사를 진솔하게 들려준다.

무릇 '어머니'는 가정과 가족의 중심이다. 새로운 생명을 탄생시키는 점에서 모든 사물의 始原을 상징한다. 가족과 자녀를 위해 언제나 헌신하고 자애를 베풀어 인간관계에서의 너그럽고 인자함의 표상이기도 하다.

어머니의 모습은 부드러우면서도 강하고 엄하면서도 끝없이 자애롭다. 가정에서의 어머니의 역할은 자녀들을 훌륭히 기르고 가르치는 책임 외에도 하는 일이 많다. 우선 한 가정의 주부로서 살림을 책임지고 남편을 받들고 가족관계를 원만히 이끄는 역할까지

맡는다. 무엇보다 자녀를 기르고 가르치는 의무를 소중히 생각하며 자신의 희생을 오히려 보람으로 여긴다.

황소바람 불어
시퍼런
겨울 밤

대나무로
얼기 설기 엮은
방문

무쇠 문고리
숟가락 걸면
자물쇠 되었다

병아리 같은 사남매
곤히 잠자는데
덜컹 덜컹

“어떤 놈이든
들어만 와 봐라,
낫으로 메가지를 쳐불랑께!”

청상 어머니는
그렇게
머리맡에 낫을 놓고
주무셨다.

—「어머니의 낫」 전문.

시커먼 새벽
어머니가 불 때고 있는데
아버지 동네 친구가
예사처럼 헛기침하며 들어서드란다

"여기가 어디라고 오느냐!"
느그 엄마가
불붙은 솔나무 부지깽이 들고
쫓아낸 뒤부터
일절 얼씬거리지 않았다더라

사남매 떵떵 소리나게
잘 살고 있는데
청상 어머니
나룻마을 산국거리

푸르른 느티나무 그늘로
사남매 품고 사셨다더라.

—「사촌 언니의 이야기」 전문

어머니의 가슴은 한없이 부드럽지만 어머니의 힘은 강하다. 역사의 주역들을 키우고 그들을 있게 한 분은 어머니였다. 어머니는 희생자인 동시에 창조자이기도 하다.

「어머니의 낫」「사촌 언니의 이야기」는 섬 하다. 지아비와 사별한 지어미, 자식 사남매를 둔 어머니로서의 본능이 비장하다.

"북덕구름이 답신나네
비 오겄어"

새벽노을은
어머니의 일기예보

빈농인 어머니,
농한기에는
생선행상을 하셨다

섬진강
곡성 철다리 건너
남원 오고 가신
삼 십여 리 길

터지고 닳아진
검정 고무신 신고

엉수, 독골, 새내 논밭
억척으로
늘려갔는데

어머니가 생선장사 못 가는
비 오는 날 더 좋아했던
대여섯 살 딸, 예순이 되었다

그때처럼 구름이
북덕북덕거리는
오늘 아침

함지박에 은빛 갈치 이고 오신
어머니,
그 비릿내음

향기롭다.

–「어머니의 하루」 전문

꽁보리밭 / 석작에 담아 / 처마 아래 / 걸어두고 // 점심은 / 찬물 / 꽁보리밥 / 풋고추와 된장이었다 // 엄마가 따오신 / 풋고추 /매웠지만 / 눈 감고 후후 먹었다 // 매워도 어른처럼 / 참는다고 / 미소짓는 / 엄마 // 그 뜨겁고 / 매운 맛 / 풋고추 내음에 / 들려오는 / 어머니의 웃음소리여. –「꽁보리밥」 전문

어머니를 그리워하는 시구가 많다

"그 옛날 / 곡성 신기리 고향집에서 / 어머니는 / 흰 광목으로 / 문지방을 닦으며 // 느그 둘째 오래비는 / 객지에서도 / 부자로 잘 살 것이당께로 / 어린 딸에게 / 혼잣말처럼 말씀하셨다 // 붉은 석양빛으로 / 어머니가 뜨겁게 / 뜨겁게 / 손 흔들고 계셨다" –「어머니 생각」 부문.

"여름 한낮 / 땀 씻으시며 / 참깨 밭 매는 / 어머니 // 참깨 꽃 속에 / 그리움이 / 조롱조롱 / 매달려 있었다" –「깨꽃」 부문.

“사립문 열어 / 엄마의 가을과 / 마주하고” –「가을 아욱국」 부문.

“눈 내리는 날 / 엄마는 또 그렇게 / 호박댓국 내음으로 오셨다” –「호박댓국」 부문.

“흰 보따리 / 머리에 이고 / 곡성장에 가신 / 어머니가 돌아 오셨다” –「어머니와 가을햇살」 부문.

가정과 자녀를 위해서는 즐겁게 자기희생을 하고 자녀를 훌륭히 키우고자 불사르는 어머니의 뜨거운 삶은 식지 않는다.

어머니의 삶을 돌아보면, 받는 것보다 베푸는 일을 천명처럼 삼았다. 끝없는 자기희생 속에서 가정과 자녀를 위해 묵묵히 몸 바치는 어머니의 모습은 고귀하다. 누구나의 가슴속에 담긴 어머니의 모습은 숭고하다. 그래서 사람들은 가장 힘들고 절망적일 때 어머니의 가슴에 안기기를 갈망한다. 또한 가장 큰 환희와 절정에 섰을 때에도 어머니를 부르고 뜨거운 감동을 나누어 드린다.

2

오늘은 과부가 아니었다

딸들과
산소 가는 길
외롭지 않았다

“아빠는 엄마가 보고 싶을 거야
먼저 인사 드려요”
술을 따르며
큰딸이 말했다

“오늘은
아빠가 더 보고 싶네”
작은 딸이
눈시울 적시는데

애들 아버지가
정말
봉분을 열고 나와
빙그레 웃었다.

"당신은
새댁 적 그대로네"
농도 하셨다

오늘은 과부가 아니었다.

—「성묘」 전문

생시 적 그대로
민어를 맛있게 잡수시고
술도 기분 좋게 드셨다

술 취하면
두 딸
이름 부르며
머리를 쓰다듬던 옛날처럼

제사상 안쪽에서
애들
이슥히 바라보며
"시집 갈 때 다 되었구나" 하셨다

두 딸이

어여쁘게
아버지께 술잔을 올리고

"오늘은
집에서 주무세요"
나는 안주를 드렸다.

– 「제삿날」 전문

어머니가 / 하루 종일 / 집에 계시는 / 비 오는 날이 좋았다 // 폭우가 쏟아지고 / 천둥 번개 치면 / 더 좋았다 // 어머니는 밤이면 / 내일 생선 장사 나갈 / 채비를 해두시는데 // '비야 와라 / 울 엄니 생선 장사 못 가시게 / 비야 비야 내려라' 난 속으로 빌었다 // 아, 오십여 년 전 그때처럼 / 비가 쏟아지는 날이면 / 저승에서 / 어머니가 오신다 // 온 집안에 가득한 / 어머니 냄새 / 향기롭다. – 「비 오는 날」 전문

홍금만 시인은 2014년 『문학바탕』을 통해 수필가로 등단한 이후 2016년 『문예비전』에서 '백향(白鄕)'이라는 필명으로 시인으로도 재등단했다. 「성묘」 「제삿날」 「비 오는 날」이 당선작이다.

시는 무엇보다 읽는 사람에게 감동을 주어야 한

다. 진실한 목소리는 미사여구보다 더 사람의 마음을 울린다. 「성묘」 「제삿날」 「비오는 날」은 기교가 없어도 詩로서의 완성도가 높다. '무기교가 기교'라고 해도 되겠다.

「성묘」 「제삿날」은 思夫曲, 「비 오는 날」은 思母曲이다. 사별한 남편을 그리워하는 아내의 마음, 농한기에 생선 장사를 하시던 어머니의 생애를 회억하는 효심이 눈물겹다.

특히 '오늘은 과부가 아니었다'고 화두를 꺼내 놓고 두 딸의 이야기로 풀어나가는 시작법이 돋보인다.

"애들 아버지가 / 정말 / 봉분을 열고 나와 / 빙그레 웃었다 // 당신은 / 새댁 적 / 그대로네, 농도 하셨다"는 「성묘」도 그러하거니와 "생시 적 그대로 / 민어를 맛있게 잡수시고 / 술도 기분 좋게 드셨다 // 오늘은 / 집에서 주무세요 / 나는 안주를 드렸다"는 「제삿날」도 절창이다.

이승에 없는 지아비의 모습을 보고 육성을 듣는 幻視, 幻聽, 幻覺이 감동을 준다. 홍금만 시인은 이 세상 사람이 아닌 남편을 성묘 날 무덤 밖에서 만난다. 또 제삿날에도 목소리를 듣고 대화를 나눈다.

가족 사랑은 큰 딸, 작은 딸, 오빠, 사촌 언니에게로 이어진다.

청산도 / 그 섬 / 바라보면 // 네가 / 살고 있다 // 풍랑을 / 이겨내고 // 넓은 바다 / 푸른 햇살 // 어제보다 / 푸르러 가는 / 네가 보인다. –「큰 딸 해주」 전문.

너 없는 / 빈 방 / 볼 때마다 // 낮에도 / 엄마는 / 밤이다 // 가을비 내린 / 숙지산 / 산들바람 부는 / 엄마의 가을 // 말레이시아서 / 땀에 젖는 / 너에게 보낸다. –「작은 딸 인주를 생각하며」 전문.

오빠들이 사준 / 빨간 캔디운동화 / 닳아질까봐 / 댓돌 위에 그림처럼 올려 두었다 // 오빠들이 사준 / 별 그려진 나팔바지 / 작아질까봐 / 남원 외갓집 갈 때만 입었다 // 객지에서 올 때면 / 내 선물 사왔던 오빠들 // 예순 살 누이동생을 / 지금도 자랑스러워 하는 / 오빠들 앞에 서면 / 나는 여학생이 된다. –「오빠」 전문.

공주님 일어 나세요 / 학교 갈 시간이예요 // 팔순 형부가 / 칠순 언니를 깨운다 // 사촌 언니는 / 영등포 삼성실업학교 / 상급반 학생 // 구름은 높은 하늘에만 / 있는 줄 알았더니 / 산에도 / 흰구름이 있더라 // 섬진강에 / 물안개 몽실 몽실하고 / 산이 보일락

말락하니 / 학이 서 있는데 / 그 절경이라니, / 사람 미치겠더라 // 시를 쓰고 싶다는 / 홍옥선 사촌 언니의 가슴은 / 이미 시인이다. – 「사촌 언니」 전문.

3

서정시는 자기가 느끼거나 겪은 감정이나 정서를 주관적으로 표현한다. 개인적인 체험에 의해 쓰여진다. 시인의 눈을 통하여 관찰되는 사물, 시인의 영감에 의하여 감지되는 순간적인 감정이나 생각들이 하나의 모티브가 되어 나타난다.

부모님 특히 어머니를 중심으로 한 가족, 일가친척들, 동창생들의 이야기, 고향 풍경 등 많은 추억을 담은 홍금만 시인의 작품들은 시인의 정서가 한 눈에 보인다. 고향 사투리를 그대로 쓴 시구들이 구수하다.

나룻배 타고
그 사람
오시는
날

섬진강
나룻마을

포구에서

언제나
가슴 졸이는
내
그리움

몇 날
몇 밤을
매화꽃으로 기다렸다.

―「강나루」 전문.

완도여자 / 선희 목소리에는 / 바다 내음이 난다 / 동백꽃이 피어 있다. ―「완도여자」 부분.

달맞이꽃 한 송이 / 비를 맞고 있는 / 소류지 언덕 // 청둥오리 한 마리 / 호심에서 / 동심원을 그리는데 // 활짝 웃는 수문 / 호수도 오랜만에 / 경쾌히 낙하하네. ―「소류지」 전문.

새벽 / 빗소리에 / 잠 깨어 / 간 밤 / 꿈 / 아슴아슴하다 // 먼 데 사람 소식 / 빗소리에 / 들려 // 창문을 / 열면 / 숲에 / 내리는 그리움 / 더욱 / 여리여리 해지는 / 내 마음이여. ─「빗소리」 전문.

고향 나룻멀 / 산들바람 따라 / 토담 위 호박잎이 / 소꿉놀이하는 동무들에게 / 부채질해주고 있다 // 너는 신랑 / 나는 각시, / 호박꽃 따다 / 금빛 밥 지었던 / 깨복쟁이 동무들 // 해질 무렵 / 동무들 이야기는 / 익어가는데 / 등불처럼 피어나는 / 호박꽃 // 호박꽃이 / 밝혀주는 / 길을 따라 / 집으로 돌아왔다. ─「호박꽃」 전문.

운율도 표현도 좋다. 가슴 졸이며 몇 날 몇 밤을 매화꽃으로 그 사람 오시기를 기다렸다는「강나루」, 목소리에서 바다내음이 나고 동백꽃이 피어 있다는「완도여자」, 달맞이꽃이 비를 맞고 있는 소류지에서 청둥오리 노닐고 수문으로 흐르는 호수물 소리가 경쾌하다는「소류지」, 빗소리에 잠 깨어 먼 데 사람 소식 기다렸다는「빗소리」, 해질 무렵 등불처럼 피어난 호박꽃이 밤길을 밝혔다는「호박꽃」 등이 서정시의 본령을 보여준다.

아프다 / 마음이 아픈 것이 아니다 / 가슴속 어디쯤에 / 검은 호수가 있다 // 아프다 / 마음이 아픈 것이 아니다 / 불면의 눈동자에 / 검은 별이 내린다 // 아프다 / 마음이 아픈 것이 아니다 / 마스크 쓴 입술에 / 독화살이 아우성이다 // 아프다 / 마음이 아픈 것이 아니다 / 사막에 떨어진 귓가에 / 모래 바람이 무성하다 // 살아 있는 / 오늘, / 내일에게 / "기다려줘" / 엽서를 띄운다. –「내일에게」 전문,

19일 오시겠어요? / 봄이 전화를 걸어왔다. // 서해고속도로 탈까 / 영동고속도로 지나 중부고속도로 갈까 // 이리 갈까 저리 갈까 / 왔던 길로 U턴 / 화서역을 지나 지지대를 넘어 갔다 // 신호등 없는 고속도로는 멈출 수가 없다 / 지금 선택한 내 인생 / 흔들리지 않고 대나무처럼 살아야겠다. –「봄」 전문.

'경로를 이탈하여 재탐색합니다'

아직도
길을 나서면
미아가 된다

거미줄 같은 삶이지만
내 모습대로
직진하겠다

터널을 지나
새벽안개 걷혀
어제보다 높아진
가을 하늘

아스팔트도 푸르게 물들어 있었다.

―「네비게이션」 전문.

"춥지 않니? / 응, 곁에 있으면 / 춥지 않아 // 혼자인 세상 / 오뉴월에도 / 털옷을 입는다"

'오뉴월에도 털옷을 입는다'는 시 「느티나무」다. '아프다, 아프다'고 내일에게 '기다려' 달라면서 '느티나무처럼 살고' 있지만, 녹녹치 않은 세상이다. 그래서 '흔들리지 않고 대나무처럼 살아야겠다'고 다짐한다.

'거미줄 같은 삶이지만 내 모습대로 직진하겠다'고 거듭 마음을 다잡아 '터널을 지나 새벽안개 걷혀 어제보다' 가을 하늘이 높아졌고, '아스팔트도 푸르게' 높아졌다.

기쁘고 반가운 현상이다. 등단 1년 만에 첫 시집을 상재한다는 것은 그만큼 詩作을 활발히 하였음을 말한다. 『어머니의 하루』 출간을 계기로 아무쪼록 홍금만 시인의 가정에 행복이 가득하고 더불어 시인으로 대성하기를 기대한다.